AF253952

M. THIERS

ET

LES PARTIS MONARCHIQUES

M. THIERS

ET

LES PARTIS MONARCHIQUES

PAR

L. LEOUZON LE DUC.

9881.

PARIS

E. DENTU, LIBRAIRE-ÉDITEUR,

PALAIS-ROYAL

17-19, GALERIE D'ORLÉANS, 17-19.

1872

OUVRAGES DU MÊME AUTEUR

La Finlande. Son histoire primitive. — Son génie national. — Sa
condition politique et sociale depuis la conquête russe. 2 vol. in-8°.

Le Glaive runique, ou la lutte du paganisme scandinave contre le
Christianisme. 1 vol. in-8°.

Histoire littéraire du Nord, 1 vol. in-8°.

Une Saison de bains de Caucase, 1 vol. in-8°.

Etudes sur la Russie et le Nord de l'Europe, 1 vol. in-12.

La Question russe, 1 vol. in-16.

La Russie Contemporaine, 1 vol. in-16.

La Russie et la Civilisation Européenne, 1 vol. in-12.

Les Iles d'Aland, 1 vol. In-16.

La Baltique, 1 vol. in-16.

L'Empereur Alexandre II, 1 vol. in-12.

Ivan, 1 vol. in-12.

Gustave III, 1 vol. in-12.

Le Congrès et le Conflit dano-allemand, 1 vol. in-8°.

Antiquités trouvées dans le Nord de l'Europe, 1 vol. in-4°.

Esquisses politiques et littéraires du Comte Ouvaroff, 1 vol. in-8°.

Les Poëmes nationaux de la Suède moderne, 1 vol. in-12.

Voltaire et la Police, d'après des documents inédits, recueillis à Saint-
Petersbourg ; 1 vol. in-12.

Le Kalevala, épopée nationale de la Finlande et des peuples finnois ;
1 vol. in-8°.

SOUS PRESSE OU EN PREPARATION :

M. Thiers et l'appel au peuple.

M. Thiers et l'ordre moral.

Le Mandat de l'Assemblée.

Le roi Charles XV et la Suède contemporaine.

M. THIERS

ET

LES PARTIS MONARCHIQUES

Ceci n'est point une œuvre de passion. Nous écrivons, l'esprit calme, sans mot d'ordre accepté, sans jugement préconçu, cherchant à saisir la situation dans sa réalité vraie et à en dégager les conséquences pratiques.

L'horizon politique est chargé de nuages ; tout y est obscur et flottant. Nous voudrions y ramener la lumière, nous voudrions dissiper l'équivoque. C'est pourquoi nous serons franc, nous irons droit au fait, et nous prendrons les choses d'assez haut pour qu'aucun parti raisonnable n'ait prétexte à s'offusquer de notre sincérité.

I

Il est dans l'Assemblée un parti, ou plutôt des partis monarchiques très-convaincus, très-ardents. Ce sont ceux dont M. Batbie a dit que « d'invincibles scrupules les arrêteraient si leur concours ne pouvait être donné qu'à la condition de renier leurs doctrines et de condamner par leurs votes ce qui, pour eux, est l'objet d'un culte héréditaire. »

Ces partis, profondément divisés entre eux, savent néanmoins s'unir quand l'intérêt de leurs drapeaux, nous disons *leurs drapeaux*, est en jeu. Ils forment alors une coalition ferme, serrée, mais une coalition que le danger commun peut seul maintenir ; le triomphe la dissoudrait.

Telle est, cependant, la force des choses que, lorsqu'ils ne s'effacent pas, lorsqu'ils s'associent au mouvement, les monarchistes posent des principes directement opposés à leurs principes. Puis, quand ces principes se développent, quand leur effet logique se produit, ils se ravisent tout à coup, et, comme s'ils avaient à se venger d'une surprise, ils font des efforts désespérés pour briser les liens qui les étreignent, pour remonter le courant dans lequel ils se sont laissés entraîner et qu'ils ont contribué à grossir. Ils semblent ne pas se douter qu'en politique tout est question d'opportunité, et qu'il vient toujours un moment où les résolutions les plus hardies échouent devant ce mot fatal : trop tard !

Aussi les monarchistes se jettent-ils à l'aveugle dans la mêlée ; ils veulent à tout prix ressaisir ce qu'ils ont lâché et qui de plus en plus leur échappe. Lutte violente, acharnée, où tout en combattant au nom des grands principes d'ordre et de conservation sociale, ils laissent trop facilement deviner qu'ils obéissent avant tout à l'esprit de parti.

N'est-ce pas là le spectacle que nous a offert la séance du 29 novembre ?

II

Pourquoi les monarchistes de l'Assemblée, nous parlons des monarchistes absolus, inflexibles, irréconciliables, pourquoi ces monarchistes en veulent-ils si fort à M. Thiers ? Quel grief mortel ont-ils contre lui ? M. Thiers a maintenu la République, M. Thiers n'a voulu s'affilier à aucune conspiration monarchique : *Inde iræ.*

Ah ! si M. Thiers se fût posé en restaurateur de couronnes, quel homme précieux ! on n'eût guère songé alors à le travestir en radical ; on eût brûlé en son honneur l'encens le plus parfumé ; pas d'hymnes assez éclatants pour chanter sa gloire. M. Thiers a compris son devoir autrement ; on ne le lui pardonne pas.

On le voit, nous ne tergiversons pas, nous sommes franc. Oui, voilà le vrai grief des monarchistes contre M. Thiers ; nous les défions d'en alléguer de plus sérieux. Et ici nous prenons les monarchistes dans leur ensemble, nous les prenons comme parti, car nous faisons de la politique, ce qui ne nous empêche pas d'honorer dans les personnes la dignité du caractère et la fidélité aux convictions.

Les monarchistes invoquent le pacte de Bordeaux. Le pacte de Bordeaux ne se retourne-t-il pas contre eux ? Quelles entorses ne lui ont-ils pas données, n'ont-ils pas cherché à lui donner ! S'il est encore debout, ce n'est certes pas leur faute.

Et parce que les monarchistes n'ont pu renverser ce pacte à leur profit, ils s'en prennent aux républicains, ils s'en prennent surtout à M. le Président de la République. C'est

M. le Président de la République qui a provoqué, qui a encouragé tout le mal. Il faudrait pourtant s'entendre, une bonne fois, sur ce point.

III

A l'origine de l'Assemblée, à sa première réunion à Bordeaux, les monarchistes, par leur force numérique, étaient les maîtres ; tout était dans leurs mains ; ils avaient carte blanche ; la minorité républicaine était impuissante à leur résister. Comment se fait-il qu'ils n'aient pas usé de leur omnipotence pour proclamer la monarchie ? Ils ne semblent même pas y avoir pensé. M. Thiers prétend qu'ils ne le pouvaient pas. Nous serons moins absolu ; nous croyons qu'à ce moment tragique où la France, éperdue, affolée, ruinée, n'aspirait plus qu'à la paix, tout était possible, tout, excepté l'empire.

Seulement, pour imposer leur principe, il eût fallu aux monarchistes un chef. Si, au lieu d'avoir à leur tête un gentilhomme mystique et résigné, ils avaient eu un héros libre de préjugés et d'une ambition résolue, si Henri V eût été Henri IV, leur cause était gagnée. Henri IV n'eût pris souci ni du pouvoir temporel du pape, ni du drapeau, ni de toute cette archéologie politique importée de Frohsdorff ; il eût abordé loyalement les d'Orléans : « Allons, mes beaux cousins, si de mon temps Paris valait bien une messe, la France vaut bien aujourd'hui que nous oubliions nos querelles et que nous nous unissions pour la sauver ! » Quel Français n'eût applaudi à cette crânerie patriotique !

Telle est notre conviction, conviction naïve, dira-t-on.

C'est juste. L'hypothèse touche à la fantaisie. Henri IV est cloué sur son cheval du Pont-Neuf ; il n'en descendra plus.

IV

Ainsi donc, alors qu'ils le pouvaient, alors du moins que leurs idées, leurs aspirations, leurs convictions, leurs intérêts les invitaient à le tenter, les monarchistes n'ont pas proclamé la monarchie. De quoi donc se plaignent-ils ? Est-ce qu'ils s'attendaient à ce que d'autres la proclamassent à leur place ? On le dirait, à voir leur attitude vis-à-vis de M. Thiers. M. Thiers, suivant eux, les a trompés (1). Mais s'ils comptaient tant sur M. Thiers,

(1) On répète souvent que M. Thiers, porté en février 1871 par vingt-six listes royalistes, était lié par là même, invinciblement, à la monarchie, et qu'en désertant la monarchie pour la république, il a trahi son mandat. Ceci suppose que les départements qui avaient élu M. Thiers, l'avaient élu dans un but, dans un esprit monarchique, et qu'après l'option de M. Thiers, ils lui ont donné pour remplaçants des monarchistes. Or, voici ce qu'ont produit les élections dans les vingt-cinq départements où M. Thiers a été remplacé :

Dans les Basses-Alpes, M. Allemand, républicain. — Dans l'Aube, M. Brousse, républicain. — Dans les Bouches-du-Rhône, M. Tardieu, républicain. — Dans la Charente-Inférieure, M. Mestreau, républicain. — Dans le Cher, M. Duvergier de Hauranne, républicain. — Dans le Doubs, M. Fernier, républicain. — Dans la Drôme, M. Clerc, républicain. — Dans le Finistère, M. Morvan, républicain. — Dans le Gard, M. Laget, républicain. — Dans la Gironde, M. Fourcaut, républicain. — Dans l'Hérault, M. Arrazat, républicain. — Dans l'Ille-et-Vilaine, M. Jouin, républicain. — Dans les Landes, M. Loustalot, républicain. — Dans Loir-et-Cher, M. Dufay, républicain. — Dans la Loire, M. Chevassieu, républicain. — Dans Lot-et-Garonne, M. Faye, républicain. — Dans le Nord, M. Testelin, républicain. — Dans l'Orne, M. Lherminier, républicain. — Dans le Pas-de-Calais, M. Faidherbe, républicain. — Dans Saône-et-Loire, M. de Lacretelle, républicain. — Dans la Seine-Inférieure, M Nétien, républicain. — Dans Seine-et-Oise, M. Labélonye, républicain. — Dans la Dordogne, M. d'Harcourt, royaliste. — Dans le Loiret, M. Magne, conservateur. — Dans la Vienne, M. de Soubeyran, conservateur.

pourquoi l'avoir mis dans l'impossibilité de justifier leurs espérances? Car enfin M. Thiers ne s'est pas jeté tout seul dans les bras de la République, M. Thiers ne s'est pas inféodé tout seul à la République. C'est l'Assemblée souveraine de Bordeaux, c'est la majorité monarchique de cette Assemblée qui l'y a poussé. Oui, la majorité monarchique de l'Assemblée a monté l'engrenage, elle en a graissé les roues, et, après y avoir attaché M. Thiers, après s'y être attachée elle-même, après en avoir activé le mouvement, elle s'étonne que M. Thiers ne l'ait pas enrayé, elle s'étonne de s'y voir emportée! Ne devait-elle pas s'y attendre?

On objectera qu'à l'époque dont il s'agit le gouvernement portait le titre de République et que les monarchistes trouvèrent indifférent de le conserver. Les monarchistes ont eu tort ; nous parlons à leur point de vue. Outre le titre de République, le gouvernement en avait un autre : il s'appelait *gouvernement de la défense nationale*, et il était reconnu comme tel à l'intérieur aussi bien qu'à l'extérieur ; tous les actes et conventions conclus avec l'Allemagne antérieurement à la paix l'avaient été, au nom du gouvernement de la défense nationale ; la République n'y était pas même mentionnée.

Il y avait là une indication. Le titre de gouvernement de la défense nationale n'avait plus de raison d'être ; la cause était perdue. Pourquoi les monarchistes, s'inspirant des circonstances, n'ont-ils pas proposé de lui en substituer un autre d'une espèce analogue, celui, par exemple, de *gouvernement du salut national, de l'organisation nationale*, etc.? Un tel titre n'impliquait aucune forme politique, il se prêtait à toutes les éventualités, M. Thiers n'eût pu en abuser, et les promoteurs de restaurations monarchiques y eussent trouvé un terrain où ils eussent manœuvré à l'aise.

Au lieu de cela, qu'ont fait les monarchistes? Ils ont d'abord prononcé la déchéance de l'empire, ce qui était ratifier le 4 Septembre. Puis ils ont organisé non un gouvernement anonyme et indéterminé, mais le gouvernement de la République. Et comme pour préciser le caractère de ce gouvernement d'une façon plus indiscutable, comme pour le dégager de tout ce qui aurait pu en limiter le sens et la portée, ils en ont retranché, sans le remplacer, son ancien correctif de « gouvernement de la défense nationale », lui décernant exclusivement le titre de République.

Dès ce moment la République est devenue le gouvernement légal de la France. Toutes les puissances l'ont reconnue et ont accrédité près d'elle leurs représentants. Les traités ont été signés au nom de la République ; c'est au nom de la République que les magistrats rendent la justice, que l'administration fonctionne, que les diplomates négocient ; c'est de la République que l'armée reçoit ses grades, les évêques leur investiture ; enfin lorsque, dans les églises et dans les temples, le clergé invoque la protection du Ciel sur le gouvernement de la France, c'est encore à la République que s'appliquent ses chants et ses prières : *Domine, salvam fac Rempublicam.*

V

Voilà ce qu'ont fait les monarchistes. La République s'était improvisée dans une émeute, une révolution, si l'on veut ; elle recouvrait un gouvernement de circonstance, en sorte que ce gouvernement ayant disparu, et disparu au milieu de quels orages ! elle pouvait à la rigueur disparaître à son tour ; elle ne battait plus que d'une aile. Eh bien, les monarchistes l'ont relevée, rassurée, confirmée ; d'institution occasionnelle et flottante, ils l'ont érigée en institution solide et normale. Nous ne nous préoccupons pas ici du pays ; nous nous en tenons à l'Assemblée, à la majorité monarchique de l'Assemblée, car notre seul but, pour le moment, est de rappeler cette majorité à son point de départ et de la remettre en face de sa première initiative.

Au reste, à faire intervenir le pays, notre thèse n'en prendrait qu'une nouvelle force. Car enfin, si en s'abstenant de proclamer la monarchie, si en maintenant, en affirmant la République, les monarchistes ont cru obéir à la volonté du pays plutôt qu'à leur inspiration propre, n'est-ce pas qu'à leurs yeux le mandat qu'ils tenaient du pays, impliquait nécessairement le maintien et l'affirmation de la République ?

Dira-t-on que l'effroyable tâche qui s'imposait alors les a fait reculer et qu'ils ont eu scrupule d'y compromettre la monarchie ? Cet argument irait droit contre eux. Dès lors, en effet, que les monarchistes eussent estimé la République seule capable de remplir la tâche dont il s'agit, ils lui eussent subalternisé la monarchie ; or, en pareille circonstance, subalterniser la monarchie à la République n'était-ce pas consacrer celle-ci indéfiniment ?

VI

Il est à supposer que, du haut de leur siége de Bordeaux, les monarchistes n'ont point porté la vue aussi loin. En maintenant la République déjà existante, ils ont cru n'homologuer qu'une forme sans conséquence. Là est leur er-

reur. En fait d'institutions politiques, la forme n'est nullement indifférente. Qu'elle dérive d'un acte spontané, d'un
coup violent ou d'une nécessité impérieuse, du moment où
elle couronne un ordre de choses régulier, où elle s'en-
cadre dans une situation acceptée, elle conquiert peu à peu
sa durée et finit par emporter le fond. Tel est le cas avec
la République. M. Thiers, dont la pensée perce souvent
l'avenir, a dit, après l'élection présidentielle du 10 décembre, ces mots fatidiques : « L'empire est fait. » N'au-
rait-il pas pu dire avec autant de raison, après son éléva-
tion par l'Assemblée de Bordeaux aux fonctions de chef du
pouvoir exécutif de la République française : « La République est faite ? »

Les monarchistes n'admettent point un pareil oracle;
nous le comprenons, « République de fait, République provisoire ! » s'écrient-ils. Mais il est des faits qui s'imposent,
il est des provisoires qui s'incrustent. Nous connaissons un
grand pays où tout procède du fait, où le provisoire n'a
jamais été sanctionné comme définitif ; il y a là organisation,
il n'y a pas constitution. Ce grand pays c'est l'Angleterre.

D'ailleurs, tant qu'un fait, un fait politique, n'a pas été
détrôné par un autre fait, il équivaut à un droit; à plus forte
raison s'il est sorti de la phase brutale pour prendre un
caractère légal. Voyons les choses telles qu'elles sont : la
France reconnaît-elle aujourd'hui, en dehors de la République, un autre gouvernement de droit ? Les monarchistes
le prétendent; mais si cet autre gouvernement existe, qu'il
se montre, qu'il fasse acte de souveraineté ! Que le comte de
Chambord, que le comte de Paris, que Napoléon III ou Napoléon IV essayent seulement de donner un ordre à un de
nos préfets, au dernier de nos soldats !.. Le comte de
Chambord, le comte de Paris, Napoléon III ou Napo-

léon IV peuvent conspirer... ils ne peuvent pas gouverner. Un gouvernement n'est pas un être de raison, une hypothèse philosophique, un composé idéal d'espérances et de regrets; il faut qu'il s'incarne dans une réalité, il faut qu'il agisse, qu'on le sente, qu'il domine. Autrement son droit ne sera qu'une vaine formule; il aura des adorateurs platoniques, il n'aura pas de sujets obligés. En matière de gouvernement, si le fait peut impliquer le droit, si le fait peut se transformer en droit, le droit sans le fait n'est rien.

Qu'on ne nous dise pas que nous posons ici l'adage célèbre : « La force prime le droit. » La République n'emprunte rien à la force; le 4 Septembre lui-même n'est point un coup de force ; il s'est substitué sans lutte, sans effusion de sang au 2 Décembre qui s'effondrait spontanément. D'ailleurs, en prononçant à Bordeaux la déchéance de l'empire, l'Assemblée nationale, investie des pleins pouvoirs du pays, l'Assemblée nationale, maîtresse et souveraine, a amnistié, ratifié le 4 Septembre ; et comme, en l'amnistiant, en le ratifiant, elle a confirmé la République issue de ses œuvres, la République a hérité naturellement du droit afférent au gouvernement auquel elle succédait. Soutenir le contraire serait donner à croire que, par son acte confirmatif de la République, l'Assemblée nationale a voulu purement et simplement décréter l'anarchie. Qu'est-ce en effet que l'anarchie, sinon l'état d'un pays livré à un gouvernement sans droit?

VII

Parlons du provisoire. Le provisoire n'a été inventé qu'après coup, du moins dans le sens où on l'entend aujourd'hui. A Bordeaux, l'Assemblée d'elle-même n'y avait pas songé ; elle avait proclamé, sous la seule réserve, non de changer la forme du gouvernement, mais de statuer sur ses institutions, elle avait proclamé la République et placé M. Thiers à sa tête. « M. Thiers est nommé chef du pouvoir exécutif de la République française ; il exercera ses fonctions sous l'autorité de l'Assemblée nationale. » Telle est la formule inaugurale du 17 février 1871. Du provisoire, on le voit, du provisoire comme principe de l'organisme, pas un mot.

Mais, du jour où M. Thiers eut exhorté les membres de l'Assemblée à faire abnégation de leurs aspirations de parti ; du jour où il leur eut exposé qu'avant d'aborder les questions constitutionnelles, il fallait « relever le noble blessé, » et qu'alors seulement qu'on aurait fermé ses plaies, ramené ses forces, qu'on l'aurait rendu à lui-même et qu'il aurait recouvré la liberté de ses esprits, la France pourrait dire comment elle veut vivre ; de ce jour les monarchistes se ravisèrent. La République était là ; ils l'avaient faite ; ils n'osaient, ils ne pouvaient la défaire. Mais, arguant des paroles de M. Thiers, ils s'évertuèrent à en amortir la portée, et, comme s'ils n'avaient proclamé la République qu'en attendant mieux, ils arborèrent la théorie du provisoire.

Cette théorie toutefois ne se traduisit pas immédiatement en pratique. Nous croyons même que, si la République eût fait pressentir dès le début que l'œuvre dont elle était chargée dépassait ses forces, qu'elle y échouerait fatalement, nous croyons qu'on l'eût laissé dormir. La République fût morte de sa belle mort ; on eût été satisfait. Mais la République n'a pas échoué. Dès lors on est entré en campagne. Sourdement, toutefois : c'étaient de petites machinations, de petites intrigues, des manifestes de poche ; on murmurait, on bourdonnait, on n'éclatait pas. Chacun, d'ailleurs, tirait de son côté. On allait qui à Anvers, qui à Chantilly, qui à Chiselhurst ; le pavillon du provisoire couvrait tout, le pacte de Bordeaux servait de coche.

Cependant la République, impassible et sereine, poursuivait sa marche ; elle contemplait sans sourciller ces architectes d'une nouvelle Babel. D'ailleurs, malgré leur hostilité systématique contre elle, les monarchistes, dominés par la force des choses, ne l'avaient-ils pas de nouveau, et ceci de la façon la plus formelle, consacrée et rajeunie par le vote d'une loi célèbre ? Nous parlons de la loi Rivet. À la vérité, il est dit dans le préambule de cette loi que l'Assemblée se reconnaît le pouvoir constituant et que les institutions définitives sont réservées. Mais en quoi ces expressions impliquent-elles le provisoire tel qu'on voudrait l'interpréter ? N'est-il pas évident, au contraire, qu'en se déclarant constituante, l'Assemblée donne une force plus vive à la forme qu'elle a déjà adoptée ? Quant à l'ajournement des institutions définitives, cette répétition plus explicite du texte de Bordeaux, il ne préjuge rien non plus en défaveur de cette forme. Ces institutions, quand le moment sera venu, s'appliqueront naturellement à la forme en possession, car, par cela seul qu'elle sera en possession, c'est-à-dire qu'elle aura répondu à la confiance mise en elle et justifié sa durée, par cela seul elle aura des titres devant lesquels tout devra s'incliner.

Du reste, soit dit en passant, dans un pays divisé comme le nôtre, ce mot de provisoire, ou ne signifie rien, ou peut s'appliquer à toute espèce de gouvernement. Est-ce qu'un parti reconnaîtra jamais comme définitif le gouvernement qui ne sera pas le sien ? Provisoire la République pour les monarchistes, provisoire la monarchie pour les républicains ; provisoire la légitimité pour les orléanistes et les bonapartistes ; provisoire l'orléanisme pour les légitimistes et les bonapartistes ; provisoire le bonapartisme pour les légitimistes et les orléanistes. Provisoire toujours, provisoire partout. Cessons donc de disputer sur les mots et fixons-nous aux choses !

Ce qui montre bien que le préambule de la loi Rivet, quel que soit l'esprit qui l'ait dicté, loin de clouer la République au provisoire, lui ouvre toute chance au définitif, c'est que, d'après son texte, les nouvelles mesures n'ont d'autre but que de « mettre mieux en évidence l'intention de l'Assemblée de continuer franchement l'*essai loyal.* » Ce mot d'essai loyal est formulé ici pour la première fois ; il n'en avait pas été question à Bordeaux. N'importe ! quand on se décide à essayer loyalement une chose, c'est que déjà cette chose est jugée bonne, et si l'essai réussit, on la garde.

Il s'agit de la République. Mais pourquoi, étant appelés à discuter la loi Rivet, les monarchistes n'en ont-ils pas pris occasion de remettre la monarchie sur le tapis ? Craignaient-ils qu'on ne leur objectât ses chutes répétées, trois dynasties tuées sous elle ? Ils auraient répliqué par les échecs de la République. La partie ainsi devenait égale, les monarchistes y avaient même le dessus ; et comme leur principe est loin d'avoir épuisé sa séve, puisqu'il se signale par de si nombreux rejetons, il était naturel d'en proposer un nouvel essai. Nous ajouterons que, parlementairement, rien n'était plus facile, car à l'époque de la loi Rivet les monarchistes se trouvaient dans des conditions tout aussi propices qu'à Bordeaux ; leur majorité ne flottait point comme dans ces derniers temps ; elle était solide et imposante.

Les monarchistes ont encore manqué cette occasion.

Non-seulement ils ont négligé de plaider en faveur de la monarchie, ils se sont enferrés de plus en plus dans la République. Nous ne pensons pas, en effet, qu'ils aient méconnu la portée de cette loi par laquelle ils ont enlevé à M. Thiers son titre restreint et modeste de chef du pouvoir exécutif, pour lui conférer le titre plus large et plus significatif de Président de la République.

Les monarchistes obéissent-ils donc à une impulsion irrésistible ? Rien n'est plus vrai. La République les étreint ; comme ils en ont posé le principe, ils en subissent les conséquences. On ne met pas le feu à un canon pour en arrêter ensuite l'explosion foudroyante.

Les monarchistes se sont attribué le pouvoir constituant ; mais ils hésitent à en user. Le provisoire leur est cher, ils l'invoquent à tout propos. C'est là, qu'on nous permette de le dire, une puérilité ; tout ce que les monarchistes font en faveur du provisoire profite au définitif. Est-ce que, par la manière dont ils agissent avec la République, ils ne la constituent pas peu à peu tous les jours? Même l'opposition qu'ils lui montrent la sert, car en trahissant leur impuissance elle confirme sa force. Les monarchistes ont beau vouloir reculer le moment de couronner l'édifice ; ce moment viendra fatalement.

Tout se tient, tout s'enchaîne : on n'inscrit pas au fronton d'un temple le mot de République pour y abriter, même sous les voiles les plus épais, une idole monarchique. C'est ce que le pays a compris ; et il devait le comprendre d'autant mieux que le préambule de la loi Rivet, malgré ses réserves calculées et tant soit peu nébuleuses, ne pouvait infirmer à ses yeux la portée si hautement significative du décret organisateur de la Présidence.

C'est pourquoi le pays s'est attaché de plus en plus à la

République. On lui a débité sous son nom bien des théories aventureuses, bien des doctrines malsaines; il n'en a pas été ébranlé, dans sa généralité du moins. M. Thiers lui a expliqué son ideal, il lui a dit comment il entendait la République. Le pays a foi dans M. Thiers; et c'est à M. Thiers, c'est à la République dont il relève et qu'il dirige que le pays rend loyalement grâces de tous les grands résultats obtenus, de tous les efforts accomplis pour relever la France de l'abîme où elle était plongée et la rétablir dans sa solidité et dans ses espérances.

Mais voilà ce que les monarchistes n'acceptent pas. Attribuer tant de mérite à la République leur paraît inique. Ah! si un monarque quelconque eût fait la centième partie de ce qu'a fait la République, de quels éloges ne combleraient-ils pas la monarchie! Il est vrai que chaque succès de la République est pour les monarchistes une nouvelle amertume. Ils comptaient sur un naufrage, et M. Thiers est un pilote ferme, sachant dérouter la tempête. Il fait des emprunts qui étonnent le monde, il chasse l'ennemi du territoire. Comment déraciner un régime qui se comporte si bien? Il faut en finir pourtant; et l'on exhume de plus belle le pacte de Bordeaux. Ce pacte, à l'ombre duquel les monarchistes se sont permis les choses que l'on sait, ce pacte, suivant eux, a été violé par les républicains; M. Thiers surtout l'a audacieusement foulé aux pieds. Comprenez-vous des républicains célébrant la République et faisant les affaires de la République? Comprenez-vous M. Thiers président de la République gouvernant de telle sorte que la République y trouve intérêt? Il y a là évidemment de quoi révolter. Mais quelle idée les monarchistes se font-ils donc du pacte de Bordeaux? Est-ce qu'ils s'imaginent que M. Thiers ne l'avait proposé que pour préparer le lit à la monarchie? M. Thiers, si nous remontons à l'origine de ce même pacte, en avait défini le but très-clairement. Il s'agissait non de préparer le lit à la monarchie, non de renverser la République, mais de permettre au contraire à la République de fonctionner utilement; il s'agissait, en un mot, de favoriser ce qu'on a appelé plus tard l'*essai loyal*. Ceci posé, sont-ce les républicains en maintenant, en développant la République, ou les monarchistes en conspirant pour la monarchie, qui ont violé le pacte de Bordeaux?

Quoi qu'il en soit, le pacte de Bordeaux est devenu l'arme suprême des monarchistes en détresse. Ceci nous conduit à la séance du 29 novembre.

VIII

La séance du 29 novembre avait eu ses prodromes. On savait que les monarchistes membres de l'Assemblée étaient revenus de vacances fort effrayés des progrès du radicalisme. Ils s'en exprimaient hautement et d'un ton indigné; partout ils allaient répétant que le parti, le grand parti conservateur était en péril, et que si l'on ne se hâtait d'opposer une digue au torrent, c'en était fait de la France.

Nous comprenons l'effroi qu'inspire le radicalisme; ses doctrines, celles du moins que l'on prêche en son nom, car il ne s'est jamais bien défini lui-même, ses doctrines sont détestables. La plupart, du reste, sont vieilles comme le monde, et la France est loin d'en avoir le monopole.

Nous ajouterons que ce mot de *radicalisme* est très-élastique ; souvent on l'applique à ce qui s'y rapporte le moins. Question de circonstances, de personnes ou de milieu. Sous l'empire autoritaire, MM. Jules Favre, Jules Simon, Picard, etc., rangés aujourd'hui parmi les hommes d'ordre, passaient pour d'affreux radicaux ; on y traitait aussi à peu près de même le publiciste le plus inoffensif réclamant une parcelle de liberté. M. Thiers n'a-t-il jamais été dénoncé comme un démagogue ?

Ceci soit dit non pour infirmer la réprobation que mérite le radicalisme ; nous protestons nous-même contre lui, contre ce que nous savons de lui, de toutes nos forces ; mais pour empêcher qu'on n'en exagère le danger outre mesure, que l'on n'en fasse un spectre de commande.

D'ailleurs, quels sont ceux que menace le radicalisme ? Les conservateurs, dit-on. Les conservateurs ne sont-ils pas les plus intelligents, les plus nombreux ? On en convient, on l'affirme non sans fierté. Eh bien, si les conservateurs sont les plus intelligents, les plus nombreux, ne sont-ils point par cela même les plus forts ? Sous l'empire du suffrage universel, en effet, la force résulte à la fois et de l'intelligence qui dicte le choix, et du nombre qui le fait prévaloir ; le nombre seul sans l'intelligence, et c'est là le mauvais côté du système, suffit pour assurer la victoire.

De quoi donc se plaignent les conservateurs ? Du moment qu'ils sont les plus forts, ils n'ont rien, absolument rien à redouter du radicalisme ; il dépend d'eux de l'écraser et de prendre la place convoitée par lui. Qu'ils aillent au scrutin !

Il est vrai que les conservateurs vont peu ou point au scrutin ; nous parlons surtout de ceux dont les orateurs monarchistes de l'assemblée interprètent les doléances. Des soins plus pressés les absorbent : leurs affaires, leurs plaisirs ; la campagne est si attrayante ! le coin du feu est si doux ! Il fait trop chaud, il fait trop froid, il vente. Puis la Bourse est en haleine ; elle monte, elle baisse ; il ne faut pas manquer l'occasion. Bah ! vote qui voudra ! une voix de plus ou de moins, belle affaire !

D'autres conservateurs s'abstiennent systématiquement ; ce sont les politiques. Le régime ne leur va pas. La République ? ils sont monarchistes ; la monarchie ? ils sont républicains. A quoi bon se déranger ? Est-ce que cela les regarde ? Que le régime tombe, on verra.

Et pendant ce temps-là les radicaux marchent au scrutin comme un seul homme. Naturellement ils l'emportent. Mais encore une fois, de quoi les conservateurs se plaignent-ils ? Quand on a déserté le champ, quand on a refusé d'y semer, doit-on s'étonner que d'autres engrangent la récolte ?

Nous ne comprenons pas vraiment que l'on s'appelle conservateur lorsqu'on s'abandonne ainsi soi-même et que l'on traite la chose publique aussi cavalièrement. Sous le suffrage universel, la chose publique ne se détache pas de la chose privée ; elles sont solidaires ; qui manque à l'une compromet l'autre. C'est pourquoi il est du devoir de tous de se montrer et d'agir : le régime, et, par suite, l'état social, la sécurité ou l'insécurité de chaque citoyen sont une affaire de bulletin.

Que veulent les conservateurs ? Nous le dirons sans réticence : les conservateurs veulent, non conserver, mais être conservés. Est-ce que les conservateurs ont soutenu un seul gouvernement ? Est-ce qu'ils ont soutenu la légitimité ? Est-ce qu'ils ont soutenu la monarchie de Juillet ? Est-ce qu'il ont soutenu l'empire ? Non, ils ont eux-mêmes allumé la mine qui les a fait sauter. Telle est leur nature ; ils ont soif de *glorieuses*.

Puis, en présence des ruines qu'ils ont amoncelées, en

présence des dangers qui les menacent et que leur complicité ou leur indifférence ont déchaînés, à qui s'en prennent-ils ? Au gouvernement, toujours au gouvernement. Le gouvernement qu'ils critiquent à tort et à travers, qu'ils frondent, qu'ils sapent, leur doit tout : l'appui pour marcher, l'oreiller pour dormir. Ainsi, aujourd'hui, les conservateurs s'alarment des radicaux ; il dépend d'eux, comme nous l'avons dit, de les refréner, de les museler : ils n'auraient qu'à voter ; ils interpellent le gouvernement.

IX

Les monarchistes de l'Assemblée se sont offerts à eux comme porte-paroles. Ils avaient là un prétexte tout trouvé pour donner carrière au mécontentement, nous devrions dire à la colère que leur avait causée le message. La revendication monarchique se colorerait d'une revendication sociale.

Le général Changarnier a ouvert le feu. M. Gambetta avait voyagé, et dans ses voyages il avait prononcé des discours d'un socialisme effréné ! le discours de Grenoble surtout avait dépassé toutes les bornes ; mais ce discours, comme tous les autres, avait été tenu dans une réunion privée ; la loi par conséquent était sauve.

Qu'allait faire le général Changarner ? Allait-il traduire M. Gambetta à la barre de l'Assemblée ? On s'y attendait. M. Gambetta, en effet, ne s'était pas borné dans ses discours à prêcher les doctrines radicales ; il s'était encore attaqué à l'Assemblée, déclarant qu'elle était mourante, qu'elle était morte. L'Assemblée, par conséquent, si elle se sentait offensée, avait parfaitement le droit de lui faire son procès.

Mais non, M. Gambetta a été laissé sur son banc ; c'est le gouvernement, c'est M. Thiers qui ont été mis en cause, et pour amener M. Thiers à la tribune, M. le duc de Broglie a prêté le renfort de sa parole au général Changarnier.

On ne saurait contester à l'Assemblée le droit d'interpeller M. Thiers. M. Thiers étant responsable devant elle, l'Assemblée peut toujours lui demander des comptes. Mais encore faut-il que les circonstances lui en fassent un devoir ; faut-il aussi que, dans sa manière de provoquer les explications de M. Thiers, elle évite de porter atteinte à son caractère personnel et à sa dignité. L'Assemblée doit se respecter dans l'homme qu'elle a placé elle-même à la tête de l'État. Or M. le duc de Broglie semble avoir oublié ces conditions. Il s'est montré brusque, impérieux ; devant son invitation ou plutôt sa sommation, M. Thiers avait l'air non d'un magistrat appelé à exposer librement les motifs de ses arrêts, mais d'un coupable obligé de se défendre.

M. Thiers, justement froissé, s'est roidi contre cette sommation : il a refusé de répondre. Avons-nous le droit de le blâmer ? M. Thiers est seul juge de sa dignité. D'ailleurs que voulait-on de lui? Voulait-on qu'il désavouât ses agents, lesquels, suivant les explications de M. Victor Lefranc, avaient fait partout respecter la loi? On voulait qu'il réitérât contre les doctrines radicales les protestations déjà formulées par lui à la séance de la Commission de permanence du 20 octobre. Quoi de plus superflu! Outre ces protestations, toute la vie de M. Thiers ne suffisait-elle pas pour rassurer l'Assemblée? On tenterait vainement de donner le change : l'indignation dont M. le duc de Broglie se faisait le héraut n'était qu'une tactique ; c'était une forme nouvelle de l'explosion monarchique soulevée par le message. On ne poursuivait qu'un seul but : détacher M. Thiers de la République pour le ramener à la monarchie.

Qu'est-il résulté de cette manifestation ? Rien, rien du moins dont la République ait eu à s'effaroucher. On a voté, par deux cent soixante-sept voix contre cent dix-sept sur trois cent quatre-vingt-quatre votants (remarquez ces chiffres!), un ordre du jour où il est dit : 1° que l'Assemblée nationale compte sur l'énergie du gouvernement; 2° qu'elle repousse les doctrines professées au banquet de Grenoble. Cela n'est ni très-neuf ni très-imposant; nul ne s'attendait évidemment à ce qu'à propos de la question soulevée par le général Changarnier, l'Assemblée émît un vote de défiance contre le gouvernement. On s'attendait encore moins à ce qu'elle fît une démonstration publique en l'honneur de M. Gambetta.

Le général Changarnier est le seul, peut-être, qui ait retiré de son interpellation quelque satisfaction. Il s'y est donné le malin plaisir de rappeler au gouvernement qu'il n'est que provisoire. « Je ne veux point, a-t-il dit, parler contre le gouvernement, qui *n'est que provisoire;* mais je trouve que sa politique est indécise. » Singulière argumentation ! On traite le gouvernement de provisoire et on trouve qu'il est indécis. Quoi pourtant de plus naturel? N'est-ce pas le propre du provisoire d'être indécis? Un gouvernement d'occasion, un gouvernement sans lendemain, car telle est l'essence d'un gouvernement provisoire, peut-il être ferme et résolu? C'est ainsi que les monarchistes, toutes les fois qu'ils s'avisent de prendre la République autrement que pour un gouvernement sérieux, solidement installé et armé du droit, rompent avec leur propre logique; les griefs qu'ils lui reprochent sont autant de contradictions qui retombent sur eux.

X

L'interpellation Changarnier avait échoué; les monarchistes n'en avaient pas retiré du moins l'effet qu'ils en attendaient. La commission Kerdrel fut chargée de reprendre l'affaire. Cette commission, on se le rappelle, avait été nommée pour « présenter à l'Assemblée nationale un projet de réponse au message de M. le Président de la République; » nous allons voir quelle a été cette réponse.

Le message de M. le Président de la République tranchait par sa solennité, son étendue, les graves questions qu'il agitait, avec les documents du même genre. M. Thiers y avait déployé toute la puissance de son talent; jamais chef d'État ne s'était exprimé avec une pareille éloquence; c'était bien là le langage digne d'une grande nation; tous les organes de l'opinion européenne l'ont constaté.

Mais, comme il exposait nettement les nécessités de la situation, ce message était gros de tempêtes. Les monarchistes ne veulent point marcher franchement dans la voie qu'ils ont tracée. Ils ont affirmé, ils ont maintenu la République; ils lui ont donné leur concours pour toutes les grandes choses qu'elle a faites. Néanmoins, toutes les fois qu'on leur parle de République, ils s'irritent. On dirait que M. Thiers, nommé par eux Président de la République, n'est point placé à la tête d'une République, mais d'une sorte de système fantastique et nuageux où, grâce à un prisme de commande, chacun peut voir ce qu'il lui plaît. On appelle cela respecter les droits de la nation ; n'est-ce pas plutôt respecter la logique de parti ?

Donc M. Thiers, après avoir passé en revue, dans son message, les travaux accomplis par le gouvernement de la République, après avoir retenu en faveur de la République, telle qu'il la conçoit, telle qu'il entend la pratiquer, le titre de République conservatrice, titre émané, comme il l'a fait justement remarquer, non de son initiative, mais d'une commission nommée par l'Assemblée ; après avoir rappelé à l'Assemblée sa sagesse, son union avec le pouvoir choisi par elle, M. Thiers lui a proposé de donner enfin à la République la forme organique nécessaire à son fonctionnement régulier.

A ces derniers mots la tempête a éclaté. « La République ! nous n'en voulons pas ! Nous protestons, nous protestons tous ! »

Les monarchistes avaient perdu toute mesure ; les interpellations les plus violentes pleuvaient sur M. Thiers.

C'est alors que M. de Kerdrel monta à la tribune pour demander la nomination de sa commission. Les monarchistes ne voulaient pas rester sous le coup du message.

XI

Disons-le tout d'abord : la commission Kerdrel, destinée à répondre au message, n'y a pas répondu du tout ; elle n'y a fait en tout cas aucune réponse directe. M. Batbie, il est vrai, a dit dans son rapport, des choses excellentes, mais, la plupart, s'écartant du but ; on trouvera même que le cours de morale sociale qu'il a jugé à propos d'y mêler

est un hors-d'œuvre; le réquisitoire Changarnier suffisait.
Aussi ne nous arrêterons-nous pas à ces détails ; nous ne
détacherons du rapport qu'un seul point, celui qui nous
paraît le mieux en résumer l'esprit et en préciser la ten-
dance.

« M. le Président de la République, dit M. Batbie, a eu
bien raison de dire, dans son message, que la République
serait conservatrice ou qu'elle ne serait pas. Cette proposition implique que ce régime a besoin du concours des
conservateurs ; car une République d'où les conservateurs
seraient exclus ne tarderait pas à soulever des défiances et
réveillerait le sentiment de terreur que les précédents his-
toriques attachent à cette forme de gouvernement.

« Or, parmi les conservateurs, il en est, et le nombre
en est grand, qui ont gardé *leur foi monarchique*. Ils ne
refuseront pas au gouvernement les attributions qui lui
sont nécessaires pour faire respecter l'ordre et observer
les lois ; mais d'*invincibles scrupules* les arrêteraient si
leur concours ne pouvait être donné qu'à la condition de
renier leurs doctrines et de condamner par leurs votes ce qui
pour eux est l'*objet d'un culte héréditaire*. »

Ainsi, on le voit, les monarchistes de l'Assemblée
relèvent fièrement leur drapeau. Cette fierté les honore.
Mais pourquoi vient-elle si tard? Ce n'est pas à Versailles,
c'est à Bordeaux qu'il eût fallu prendre cette belle attitude.
La tâche était difficile alors, mais d'autant plus digne d'un
grand cœur. De quelle gloire n'eût-on pas couronné « l'objet
du culte héréditaire, » si on l'eût chargé de la remplir !
Nous ne comprenons pas que leurs « invincibles scrupules » n'aient point empêché les monarchistes de la laisser
à d'autres. Il est étrange, vraiment, de voir revendiquer
aujourd'hui en faveur de la monarchie le bénéfice d'une

situation que la République seule a créée. Quand on a
reculé devant le combat, on est mal venu, ce semble, à pré-
tendre au triomphe.

M. Batbie se fait de grandes illusions. Suivant lui, et
rien n'est plus juste, « la République a besoin du concours
des conservateurs, » et parmi les conservateurs il range les
monarchistes « en grand nombre ». Mais, quelle sorte
de concours les monarchistes conservateurs peuvent-ils
offrir à la République ? De deux choses l'une : ou ce concours sera réservé, méticuleux, sans sincérité, sans conviction ; ou il sera franc, loyal, dévoué et énergiquement résolu.
Dans le premier cas, la République s'en trouvera fort mal,
et elle préférera certainement s'en passer. Dans le second
cas, elle y gagnera ; mais que deviendront les « invincibles
scrupules » ?

M. Batbie ajoute que les monarchistes « ne refuseront
pas au gouvernement les attributions qui lui sont nécessaires pour faire respecter l'ordre et observer les lois. »
De quel gouvernement parle-t-il? Du gouvernement du
Président de la République, par conséquent de la République. Eh bien ! si les monarchistes conservateurs son
disposés à mettre la République en état de faire respecter
l'ordre et observer les lois, ne sont-ils pas disposés par là
même à lui conférer les attributions essentielles de tout vrai
gouvernement ? Comment alors songer à la renverser ?
Un gouvernement qui fait respecter l'ordre et observer les
lois ne mérite-t-il pas, non-seulement d'être respecté,
mais encore de durer ? M. Thiers l'a dit plus d'une;
fois : « Si je gouverne bien, la République en profitera
veut-on que je gouverne mal ? » M. Thiers a raison : tout
ce qui se fait de bien au nom de la République, sert les
intérêts de la République. M. Thiers, président de la Répu-

blique, pourrait-il gouverner au nom d'une monarchie et dans l'intérêt d'une monarchie ?

Les principes formulés par M. Batbie placent donc les monarchistes conservateurs en face d'une seule alternative : ou de renverser la République et d'y substituer la monarchie, ou, s'ils restent attachés à la République, de faire bon marché de leurs « invincibles scrupules, » de « renier leurs doctrines, » de briser avec « l'objet de leur culte héréditaire », ou tout au moins de transiger.

A en juger par le rapport de M. Batbie, les monarchistes de l'Assemblée s'étaient un instant, décidés pour le premier parti. N'est-ce pas, en effet, ce qu'on eût autorisé à inférer des propositions qu'il renferme ? Elles recouvraient, sous une apparence inoffensive, une manœuvre d'attaqué des plus directes. Cette manœuvre a été déjouée ; on a senti qu'il s'agissait là, non d'un simple organisme gouvernemental, mais de la forme du principe même du gouvernement ; et tous les membres de l'Assemblée qui tiennent à la République, soit par instinct, soit par raison, soit par sentiment des nécessités sociales, tous ont voté pour la République.

Ce vote a eu dans le pays un retentissement immense ; les votes qui l'ont suivi n'ont pu l'infirmer ; ils portaient moins haut ; on les oubliera, on se souviendra toujours de la journée du 29 novembre.

Cette journée, d'ailleurs, restera un enseignement dont il est impossible de ne pas être frappé. C'est que les monarchistes ne peuvent compter dans l'Assemblée sur une majorité sérieuse qu'autant qu'ils y servent, soit directement, soit indirectement, les intérêts de la République ; dans le cas contraire, cette majorité leur échappe. Une seule fois ils tentent de dresser drapeau contre drapeau, ils échouent.

XII

On a vingt-quatre heures pour maudire ses juges. Les vaincus du 29 novembre n'attendirent pas si longtemps pour maudire leurs vainqueurs. Ce qu'ils leur reprochent, c'est d'être un amalgame de fractions révolutionnaires et antisociales. A en croire les monarchistes, ils auraient seuls le privilége des principes conservateurs ; ils enveloppent tous les républicains dans la même proscription que les radicaux. M. Casimir Périer a fait justice de cette prétention, en répliquant à M. Batbie par ces fières paroles : « Nous comptons des conservateurs parmi nous de plus ancienne date que vous ! »

Un autre grief, c'est que les républicains sont profondément divisés, et que jamais ils ne sauraient former une vraie majorité.

Sans discuter ces accusations, nous pourrions demander aux monarchistes si, de leur côté, ils sont aussi unis qu'ils le prétendent, si leur union ne mériterait pas plutôt le nom de coalition. A coup sûr, ils sont unis contre la République ; mais après ?

Les républicains sont divisés, c'est vrai ; mais ils ne le sont que sur des questions de détail, sur des modes d'application ; sur le principe, non. Proclamez leur principe, proclamez la République définitive, ils s'y fondront tous ; ils discuteront ensuite sur les procédés organiques ; et à ce point de vue il y aura chez eux des stationnaires, des modérés, des extrêmes, des satisfaits, des opposants, une majorité, une minorité ; tous les gouvernements parlementaires en sont là.

Faites la même chose avec les monarchistes, proclamez la monarchie. Aussitôt la coalition se disloque : orléanistes contre légitimistes, légitimistes contre bonapartistes. Où est le ciment qui les lie? Est-ce que le droit divin ne jure pas avec le suffrage universel? Est-ce que le suffrage universel ne jure pas avec le suffrage restreint? alliance hybride, alliance d'un jour à travers laquelle se trahissent les spéculations d'un intérêt exclusif et implacable, et qui, si elle venait à triompher, n'aboutirait qu'à un morcellement orageux où s'étaleraient les palinodies les plus tristes, les compromissions les moins dignes.

Pour le moment, les monarchistes marchent sous le drapeau de la conservation sociale. C'est fort bien. Mais il ne faudrait pas s'aviser de leur demander dans quel but et pour qui ils prétendent conserver. Vous verriez alors combien, entre leurs mains, ce drapeau lui-même est fragile. N'avons-nous jamais rencontré l'extrême droite donnant la main à l'extrême gauche?

<h2 style="text-align:center">XIII</h2>

M. Thiers, dans ce magnifique discours du 29 novembre où, au milieu des conceptions politiques les plus hautes, vibraient si puissamment toutes les émotions de son âme, toutes les forces de son génie, M. Thiers, s'adressant aux monarchistes de l'Assemblée, leur a dit ces paroles :

« Si je croyais la monarchie possible, je me retirerais, je vous la laisserais faire ; j'aurais acquitté mes engagements, je resterais homme d'honneur, et je verrais mon pays suivre ce que vous appelez ses destinées.

« Interrompez-moi en ce moment si vous croyez que l'intérêt du pays est de faire la monarchie aujourd'hui ; faites-moi descendre de la tribune, prenez le pouvoir, ce n'est pas moi qui vous le disputerai. »

Pourquoi, devant une sommation aussi formelle, aucun monarchiste de l'Assemblée ne s'est-il levé ? Nous nous trompons, M. Ernoul de la droite est monté à la tribune. Mais, éludant la réponse attendue, il a soulevé la question sociale. Notons qu'il a effleuré à peine cette question ; il est retombé aussitôt dans les personnalités de la commission Kerdrel. Par exemple, M. Ernoul n'a pas manqué de décocher un trait sanglant à ses alliés bonapartistes, témoignant par là sans doute combien est profonde et solide l'union entre les partis monarchiques.

Cependant, la question telle que l'avait posée M. Thiers était la vraie question. M. Batbie lui-même l'avait provoquée. Qu'avait demandé M. Thiers dans son message ? Il avait demandé que l'Assemblée s'occupât de fortifier, par des institutions nouvelles, le gouvernement de la République. Les monarchistes s'en étaient vivement émus ; ils avaient vu, dans cette proposition de M. Thiers, la consécration définitive de la République, et dès lors, s'appuyant sur leur foi monarchique, ils avaient résolu de lui refuser leur concours. M. Batbie s'était fait l'interprète de cette résolution, en déclarant dans son rapport que d'invincibles scrupules, la fidélité à leurs doctrines, leur attachement à l'objet d'un culte héréditaire, empêchaient les monarchistes de s'associer aux projets de M. Thiers.

Que pouvait conclure M. Thiers d'une telle attitude ? Évidemment qu'il avait en face de lui, non des auxiliaires disposés à le seconder dans la consolidation de la République, mais des adversaires résolus à demeurer étrangers à la République et se drapant plus superbement que jamais dans leur drapeau monarchique. La question de monarchie et de république devenait par conséquent la question capitale, la seule question positivement déterminée qui émergeât à la fois et du message de M. Thiers et du rapport Batbie.

Et c'est pour cela que M. Thiers s'est attaché à cette question avec tant de franchise et de force ; c'est pour cela qu'après avoir affirmé la nécessité de la République, il a défié les monarchistes d'établir la monarchie.

Les monarchistes n'ont pas répondu à ce défi. Cela est au moins étrange. Comment ! parmi les trois cent trente-cinq qui avaient approuvé, qui avaient dicté le rapport Batbie, il ne s'en est pas trouvé un seul qui, poussé par ses « invincibles scrupules », inspiré par « l'objet de son culte héréditaire, » se soit élancé à la tribune pour y plaider, à la face de l'Assemblée, la cause de la monarchie ! Il eût été noble et beau de voir les monarchistes engager la lutte avec M. Thiers, lui prouver que ses convictions étaient des illusions, dérouler leurs espérances et les motifs de leurs espérances, montrer surtout les moyens sur lesquels ils comptent pour traduire leurs aspirations en fait.

L'Assemblée a été privée de ce spectacle. Serait-ce donc que les monarchistes réservent au pays l'honneur de le lui donner ? Mais, suivant eux, ils l'ont répété cent fois, notamment à la séance du Message, suivant eux, le pays c'est l'Assemblée. Donc leur abstention, leur silence sont sans excuse. A quoi bon se glorifier de sa foi quand on ne la manifeste point par des actes ?

La foi qui n'agit point, est-ce une foi sincère ?

XIV

Parlons sans détour. Voici, sous une même forme de
gouvernement, le gouvernement de la République, deux
partis en présence : les républicains et les monarchistes ;
les républicains qui ne veulent point de la monarchie, les
monarchistes qui ne veulent point de la République, et qui
de plus ne peuvent rétablir la monarchie ; s'ils le peuvent,
qu'ils le prouvent !

Qu'adviendra-t-il ? Les républicains doivent-ils se poser
en ennemis acharnés des monarchistes, et à ce point de vue
pousser à la brusque dissolution de l'Assemblée ? Tel n'est
pas notre avis ; nous estimons même que la dissolution de
l'Assemblée avant l'heure serait une mesure déplorable.
Elle introduirait un fait révolutionnaire qui réagirait jusque
sur la nouvelle assemblée destinée à la remplacer ; la République en serait la première victime. Où est d'ailleurs la
nécessité de cette dissolution ? Les monarchistes ne serviront point de cœur la République ; ils pourront même lui
faire de l'opposition, une opposition sourde ou déclarée.
Qu'importe ! s'ils ne servent point de cœur la République,
ils la serviront de fait ; s'ils font de l'opposition à la République, leur opposition s'émoussera ou se tournera contre
eux. Cela suffit.

L'Assemblée a une existence illimitée ; elle est seule
maîtresse d'en fixer le terme. Or, durant les jours, les
mois, les années si l'on veut qu'elle s'accordera encore,
croit-on que les monarchistes pourraient détruire la République ? Croit-on qu'après l'avoir établie, confirmée, sanctionnée, nous l'avons démontré, ils pourraient revenir sur

leurs pas et porter la sape à l'édifice ? Non : la force des choses a une logique implacable, et, de même que les monarchistes n'ont osé étouffer la République dans son berceau, ils n'oseront lui faire violence, maintenant qu'elle a grandi. L'osassent-ils qu'ils n'y réussiraient pas.

Sans doute, il ne faut pas s'attendre à ce qu'ils se dévouent à la développer dans sa large virilité. Mais tous les éléments, si insignifiants soient-ils en apparence, qu'ils y ajouteront, ajouteront à sa force. Les monarchistes sont trop engagés pour qu'il leur soit possible de reculer. Qu'ils en aient regret, c'est possible ; il est trop tard. Il est des voyages sans retour ; le voyage qu'ont fait les monarchistes est de ceux-là.

L'esprit qui doit dominer aujourd'hui est donc un esprit de sagesse et de conciliation. La France a l'œil sur nous. Il est du devoir de ceux qui la représentent d'entrer consciencieusement dans ses idées et dans ses sentiments. Or si, comme l'affirme M. Thiers, si, comme toutes ses manifestations successives l'indiquent, si, comme l'impose la logique du suffrage universel, la France veut la République, elle ne veut point assurément d'une République fondée sur l'oppression et sur la force ; elle veut une République calme, libre, majestueuse, une République conservatrice, où tous les partis puissent se réconcilier et se donner la main.

Les monarchistes résistent ; mais ils ont beau se cramponner au provisoire, ils ne l'éterniseront pas. Chaque effort qu'ils feront, n'importe dans quel sens, sera un nouveau pas vers le définitif. Un grand pays ne peut vivre indéfiniment entre deux extrêmes ; il faut qu'il se fixe, et il se fixera. Les monarchistes eux-mêmes, bon gré mal gré, y contribueront.

Et puis, les monarchistes ne sont pas tous pétrifiés dans

l'esprit de parti ; il en est, et beaucoup, qu'anime un patriotisme ardent et sincère. Si donc ils arrivent à cette conviction que la monarchie est impossible, que la République est une nécessité fatale, ils n'hésiteront pas à sacrifier leur culte héréditaire, leurs préférences traditionnelles ; la République pourra compter sur eux. Combien en avons-nous vu déjà, et des plus distingués, et des plus nobles, se rallier par raison à sa cause! M. Thiers lui-même n'en est-il pas un illustre exemple ? Il est entré le premier dans la voie ; d'autres ont suivi, d'autres suivront (1).

Ainsi donc, quoi qu'en disent les exaltés de la démocratie, les monarchistes ne sont nullement un danger pour la République. Comme ils l'ont servie, ils la serviront ; le pli est pris ; ils la serviront, soit par conversion volontaire, soit par entraînement forcé, soit par transaction raisonnée. Les plus obstinés éludent ce que la situation leur offre de délicat en prétendant n'agir que pour la France. Quoi de plus respectable, de plus inoffensif! Est-ce que la République n'est pas aussi la France?

La présence seule des monarchistes à l'Assemblée est

(1) Rappelons cette patriotique déclaration de M. le duc d'Audiffret Pasquier à la séance du 14 décembre :

« Je suis de ceux qui pensent et qui disent : L'étranger est encore sur le sol de la patrie ; la société court de grands risques ; il faut aller au plus pressé ; malheur à celui qui divisera les forces conservatrices devant les forces socialistes ; malheur à celui qui divisera les forces nationales devant l'étranger. Et alors je vous dis : Ne sortons pas de la forme actuelle, de la République, de la République au grand et bon sens du mot, la chose publique, gérée dans l'intérêt de tous, avec la trève de tous les partis... » Et M. d'Audiffret ajoute : « La majorité conservatrice est faite, elle n'est pas à faire. Oui, nous sommes d'accord sur ces questions ; ceux qui ne nous suivront pas n'auront plus le droit de nous reprocher nos divisions, car nous avons fait tous les sacrifices que nous pouvions faire ; nous avons ajourné nos espérances, nous avons apporté loyalement notre force et notre concours au gouvernement, acceptant la forme actuelle, sans réticences et sans arrière-pensée... »

pour la République d'un intérêt précieux ; les en chasser serait d'une politique funeste. Ils y représentent un élément d'ordre traditionnel que le pays comprend et qui rassure. Car, il ne faut pas s'y tromper, le nombre de ceux qui ont besoin d'être rassurés est grand encore ; la République leur doit des gages.

Les monarchistes l'ont déclaré : ils sont prêts à donner au gouvernement toutes les attributions qui lui seront nécessaires pour faire respecter l'ordre et observer les lois. Laissez-les à cette tâche ! La République n'a-t-elle pas tout à gagner à ce que, sous le gouvernement qui porte son nom, l'ordre soit respecté, les lois observées ? Donc, même à ce point de vue, les monarchistes, quelles que soient les espérances dont ils berceraient leurs rêves, feraient encore les affaires de la République.

Une commission est réunie en ce moment où l'élément monarchique domine. Que les républicains n'en prennent point ombrage ! Cette commission subira, elle aussi, la force des choses, elle ira de l'avant, et, quoi qu'elle décide, la République y gagnera.

Nous savons que tous les républicains n'approuvent pas cette politique. Il est parmi eux des impatients, des violents qui voudraient tout emporter d'assaut. Ils se trompent : les assises posées avec une gravité calme et réfléchie sont les plus solides ; les coups de force ne durent pas, *violentum non durat*.

D'ailleurs la République ne doit-elle pas être un régime de concession et de tolérance ? Tous les citoyens, quels qu'ils soient, ne doivent-ils pas trouver place sous son drapeau ? Telle est, en effet, la condition première, la condition essentielle de son existence. Exclusive, intolérante, la République verrait bientôt ses ressorts se détendre, ses éléments se dissoudre; et, si haute, si ferme, si vivace qu'elle apparût, elle croulerait.

Rappelons ces belles paroles du message de M. Thiers :

« Quant à moi, je ne comprends, je n'admets la République qu'en la prenant comme elle doit être, comme le gouvernement de la nation qui, ayant voulu longtemps et de bonne foi laisser à un pouvoir héréditaire la direction partagée de ses destinées, mais n'y ayant pas réussi par des fautes impossibles à juger aujourd'hui, prend enfin le parti de se régir elle-même, elle seule par ses élus librement, sagement désignés, sans acception de partis, de classes, d'origine, ne les cherchant ni en haut ni en bas, ni à droite ni à gauche, mais dans cette lumière de l'estime publique où les caractères, les qualités, les défauts se dessinent en traits impossibles à méconnaître, et les choisissant avec cette liberté dont on ne jouit qu'au sein de l'ordre, du calme et de la sécurité. »

XV

Résumons-nous. Qu'avons-nous voulu prouver ? 1° Que la République existe de fait, et que ce fait, n'ayant en face de lui et contre lui aucun autre fait, équivaut à un droit. 2° Que si la République a été inaugurée comme forme gouvernementale par le pouvoir improvisé du 4 septembre, elle a été acceptée, sanctionnée par la souveraineté légitime et régulière du 8 février. 3° Que cette souveraineté s'incarnant dans une majorité monarchique, libre et prépondérante, la République est redevable aux monarchistes de son maintien et de sa confirmation.

4° Qu'à partir du 17 février toutes les mesures prises, tous les actes accomplis par les monarchistes de l'Assemblée ont eu pour résultat la consolidation de la République. 5° Que les monarchistes, ayant soit volontairement, soit contraints par la force des choses, consolidé la République, sont impuissants à la renverser, pour y substituer la monarchie. 6° Que les monarchistes étant nécessairement et fatalement les auxiliaires des républicains, ceux-ci n'ont rien à redouter pour leur principe, et qu'en conséquence il n'y a pas pour eux de politique plus sage, plus avisée, plus efficace que d'arborer le drapeau de la tolérance et de la conciliation.

Pour établir ces divers points, il nous a suffi d'étudier avec un esprit impartial les faits qui se déroulent sous nos yeux depuis deux ans. Leur enchaînement logique est frappant; il y a là un mouvement irrésistible. Que faut-il en conclure ? N'est-ce pas, puisque la République existe, puisque la République s'impose, puisque la République porte les destinées de la France, n'est-ce pas qu'il est du devoir de tous de la servir? Les monarchistes se sont engagés tout au moins à en faire l'essai loyal ; qu'ils tiennent leur parole. Il faut que la République dise elle-même son dernier mot ; il faut, si elle ne peut vivre, si elle doit mourir, qu'elle meure de sa belle mort. Si elle succombait sous une conspiration monarchique quelconque, — nous hasardons cette hypothèse, — sa chute serait toujours suspecte ; et la monarchie qui hériterait de ses dépouilles serait incapable d'offrir au pays une garantie sérieuse de stabilité et de durée.

PARIS. — IMP. JULES LE CLERQ ET Cie, RUE CASSETTE, 29.

www.ingramcontent.com/pod-product-compliance
Lightning Source LLC
Chambersburg PA
CBHW051324060726
47596CB00004B/1468